COLLECTION

DE M. E. TENCÉ

TABLEAUX

ANCIENS ET MODERNES

CATALOGUE

DE

TABLEAUX ANCIENS

DES ÉCOLES

FRANÇAISE, HOLLANDAISE

ITALIENNE & ESPAGNOLE

MINIATURES

QUELQUES TABLEAUX MODERNES

COMPOSANT LA COLLECTION DE M. E. TENCÉ

DONT LA VENTE AURA LIEU

HOTEL DROUOT, SALLE N° 8

Le Jeudi 27 Avril 1882

à deux heures

<table>
<tr><td>COMMISSAIRE-PRISEUR
Me HENRI LECHAT
6, rue Baudin (square Montholon)</td><td>EXPERT
M. HENRI PILLET
83, rue Lafayette.</td></tr>
</table>

Chez lesquels se trouve le présent catalogue.

EXPOSITION PUBLIQUE, le Mercredi 26 Avril 1882,

De une heure à cinq heures.

CONDITIONS DE LA VENTE

Elle sera faite au comptant.

Les adjudicataires payeront *cinq pour cent* en sus des enchères.

Paris. — Typ. Pillet et Dumoulin, 5, rue des Grands-Augustins.

DÉSIGNATION

ARTOIS

(VAN)

1 — Paysage avec personnages.

Toile. Haut., 42 cent.; larg., 32 cent.

BALEN

(VAN)

2 — Le Sacrifice d'Abraham.

Toile. Haut., 76 cent.; larg., 62 cent.

BLOEMEN OU BLOOM

(VAN)

3 — Paysage traversé par un cours d'eau et animé de personnages.

Toile. Haut., 60 cent.; larg., 70 cent.

BOILLY

(LOUIS-LÉOPOLD)

4 — Portrait d'homme.

Bois. Haut., 21 cent.; larg., 20 cent.

BOUCHER

(FRANÇOIS)

5 — Portrait de jeune fille.

Pastel, signé à droite 1757.

BRAUWER

(ADRIAAN)

6 — Le Joueur de violon.

Toile. Haut., 28 cent.; arg., 21

BRAUWER

(ADRIAAN)

7 — Le Mangeur de soupe.

Toile. Haut., 28 cent.; larg., 21 cent.

CHAMPAIGNE

(PHILIPPE)

8 — Le Christ.

Bois. Forme ronde.

CHARDIN

(J.-B.-SIMÉON)

9 — Carlin sur un coussin rouge.

Signé en toutes lettres.

Toile. Haut., 42 cent.; larg., 56 cent.

CLOUET

(dit JEHANNET? école de)

10 — La Vierge.

Elle est vue en buste les bras croisés et tenant une épée.

Bois. Haut., 36 cent.; larg., 26 cent.

COYPEL

(CHARLES-ANTOINE)

11 — Vertumne et Pomone.

Toile. Haut., 75 cent.; larg., 100 cent.

CRAESBEEK

(JOOST VAN)

12 — Le Blessé.

Toile. Haut.. 52 cent.; larg., 40 cent.

DESCAMPS

13 — Vaches à l'étable.

Toile. Haut., 40 cent.; larg., 32 cent.

DEVERIA

(EUGÈNE)

14 — Portrait de jeune fille.

Toile. Haut., 20 cent.; larg., 15 cent.

DROOGSLOOT

15 — Paysage.

> Près d'un cours d'eau, un groupe de paysans et de paysannes assis et causant.

Toile. Haut., 40 cent.; larg., 50 cent.

DUPRÉ

(JULES)

16 — Entrée de village.

Bois. Haut., 42 cent.; larg., 55 cent.

FRANCK

(LE JEUNE)

17 — L'Adoration des Mages.

Cuivre. Haut., 22 cent.; larg., 18 cent.

FRANCK

(LE VIEUX)

18 — Contributions forcées.

Bois. Haut., 50 cent.; larg., 43 cent.

GÉRARD

(FRANÇOIS, baron)

19 — Tête de jeune fille.

Toile. Haut., 31 cent.; larg., 25 cent.

GREUZE

(JEAN-BAPTISTE)

20 — Le Repas.

Assis près d'une table, deux vieillards, homme et femme, sont en train de souper. A droite un chien. A gauche, debout contre la table, une petite fille.

Esquisse sur bois.

Bois. Haut., 23 cent.; larg., 21 cent.

GREUZE

(JEAN-BAPTISTE)

21 — Mort d'un prince, sujet tiré de l'histoire de France.

Près du lit du mourant, debout, la tête inclinée, se tient son fils. A gauche, un religieux à genoux et en prière. A droite, deux femmes, dont l'une assise, lève les yeux au ciel et paraît en extase. Au fond, de l'autre côté du lit, une foule d'officiers et de soldats.

Haut., 49 cent.; larg., 39 cent.

GREUZE

(JEAN-BAPTISTE)

22 — Un Vieillard, appuyé contre une table, tient de la main gauche un plat contenant de la viande, et de l'autre main une bouteille de vin.

Toile. Haut., 27 cent.; larg., 32 cent.

GRIMOUX

(ALEXIS)

23 — Tête d'enfant.

Toile. Haut., 70 cent.: larg., 55 cent.

GROS

(ANTOINE-JEAN, baron)

24 — La Mort d'Hector.

Belle esquisse sur toile.

Haut., 55 cent.; larg., 66 cent.

HEEM (?)

(DE)

25 — Nature morte.

> Dans un plat, des écrevisses cuites. A côté, une
> coupe, un verre, du pain, un citron et un couteau.
> Le tout posé sur une table.
> Signé sur la lame du couteau.

> Panneau. Haut., 27 cent.; larg., 45 cent.

HUYSUM

(JEAN VAN, attribué à)

26 — Paysage.

> Des hommes et des femmes causent au bord
> d'un étang. Au fond, une construction en forme
> de temple.

> Toile. Haut., 30 cent; larg., 40 cent.

JARDIN

(KAREL DU)

27 — Animaux au repos.

> Toile. Haut. 41 cent.; larg., 52 cent.

LACROIX

28 — Marine.

Bois. Haut., 21 cent.; larg., 34 cent.

LAIRESSE

(GÉRARD DE)

29 — Loth et ses filles.

Toile. Haut., 65 cent.; larg., 80 cent.

LAMBINET

30 — Les Vaux de Cernay, environs de Chevreuse

Esquisse.

Haut., 31 cent.; larg., 22 cent.

LAMBINET

31 — Etude d'arbres, forêt de Fontainebleau.

Esquisse sur toile.

Haut., 30 cent.; larg., 23 cent.

LA TOUR

(MAURICE-QUENTIN)

32 — Portrait de gentilhomme.

Pastel.

LEDIEU

(PH.)

33 — Chien tenant un lièvre.

Composition importante.

Toile. Haut., 102 cent.; larg., 132 cent.

LEDIEU

(PH.)

34 — Sanglier sortant d'une mare.

Bois. Haut., 28 cent.; larg., 40 cent.

LEDIEU

(PH.)

35 — Chiens en arrêt.

Bois. Haut., 28 cent., larg., 40 cent.

MEULEN

(ANTON-FRANZ, VANDER)

36 — Cavaliers hongrois suivis d'un chien molosse.

Toile. Haut., 30 cent.; larg., 25 cent.

MICHALLON

(ACHILLE-ETNA)

37 — Paysage avec figures et cours d'eau.

Toile. Haut., 49 cent.; larg., 64 cent.

MICHEL

(DEUX PENDANTS)

38 — Paysages.

Bois. Haut., 20 cent.; larg., 27 cent.

MIGNARD

(PIERRE)

39 — La Princesse de Conti.

Vue de trois quarts; elle porte un corsage en soie blanche, soutaché de broderies jaunes. Sur ses épaules est jeté un manteau en velours bleu, parsemé de fleurs de lis et doublé d'hermine.

Toile. Haut., 37 cent.; larg., 27 cent.

NETSCHER

(GASPARD)

40 — Portrait de femme.

> Représentée de trois quarts, elle porte une robe noire décolletée avec grande collerette en dentelle.

Toile. Haut., 55 cent.; larg., 40 cent.

NOTERMAN

41 — Chèvre au ratelier.

Toile. Haut., 28 cent.; larg., 35 cent.

OMMEGANCK

(BALTHAZAR PAUL)

42 — Animaux au pâturage.

> Dans une grande prairie traversée par un canal, des animaux paissent et des moissonneurs rentrent leur foin. Dans le fond à gauche, un château. A droite de nombreuses maisons.

Signé et daté.

Toile. Haut., 65 cent; larg., 74 cent.

PANINI

(GIOVINI-PAOLO)

43 — Ruines d'Architecture.

Paysage animé de personnages.

Toile. Haut., 82 cent.; larg., 64 cent.

PETIT

44 — Ustensiles de cuisine.

Toile. Haut., 22 cent.; larg., 20 cent.

PETIT

45 — Animaux au pâturage.

Effet du soir.

Toile. Haut., 36 cent.; larg., 49 cent.

POUSSIN

(NICOLAS)

46 — Le Repos de la sainte Famille.

A l'ombre d'arbres touffus, les saints personnages se reposent des fatigues du voyage.

Toile. Haut., 110 cent.; larg., 139 cent.

RADOU

47 — Barque de pêche.

Toile. Haut., 30 cent.; larg., 39 cent.

RAOUX

(JEAN)

48 — Pastorale.

Toile. Haut., 175 cent.: larg., 66 cent.

RICCI

(SÉBASTIANO)

49 — Sujet tiré de l'histoire romaine.

Esquisse sur toile.

Haut., 50 cent.; larg., 60 cent.

REMBRANDT

(école de)

50 — Le Rabbin Moyse Schylk.

Toile. Haut., 70 cent.: larg., 55 cent.

RIGAUD

(HYACINTHE)

51 — Le Tragédien Larive.

Vu jusqu'à la ceinture, la tête de face, coiffé
d'un toquet de velours orné d'une agrafe en
diamant retenant une plume blanche, il est vêtu
d'un costume en velours noir.
Très bon et intéressant tableau.

Toile. Haut., 80 cent.; larg., 64 cent.

ROBERT

(LÉOPOLD)

52 — Femme de la campagne de Rome.

Toile. Haut., 24 cent.; larg., 19 cent.

ROTTENHAMMER

(THOMAS)

53 — Mars et Vénus.

Charmante composition.

Cuivre. Haut., 18 cent.; larg., 22 cent.

ROUSSEAU
(THÉODORE)

54 — Un Coin de la forêt de Fontainebleau.

Soleil couchant.
Esquisse.

Toile. Haut., 21 cent.; larg., 45 cent.

SCHEFFER
(ARY)

55 — Portrait d'homme.

Esquisse. Signée à droite.

Toile. Haut., 52 ceut.; larg., 44 cent.

SCHEFFER
(ARY)

56 — La Vierge aux douleurs.

Toile. Haut., 47 cent.; larg., 40 cent.

MAGNASCO
(genre de)

57 — Navire en détresse.

Toile. Haut., 67 cent.: larg., 115 cent.

TESTELIN

(HENRY)

58 — Amédée de Savoie.

> Vu de trois quarts, coiffé d'une grande perruque blonde et frisée, il porte le costume de Diane chasseresse.
>
> Toile. Haut., 70 cent.; larg., 55 cent.

TREVISANI

(FRANCESCO)

59 — Paysage animé de personnages et de chutes d'eau.

> Toile. Haut., 88 cent.; larg., 62 cent.

VALLIN

60 — Vénus et l'Amour.

> Bois. Haut., 21 cent.; larg., 16 cent.

VERDIER

(FRANÇOIS)

61 — Atalante et Méléagre.

> Toile. Haut., 44 cent.: larg., 40 cent.

VERNET

(CARLE)

62 — Le Saut de barrière.

Toile. Haut., 43 cent.; larg., 68 cent.

VOLMAER

63 — Vue du Mont-Blanc.

Gouache.

ZORG

64 — Jeune homme tenant un chien.

Bois. Haut., 21 cent.; larg., 18 cent.

ÉCOLE ALLEMANDE

65 — La Justice. Allégorie.

Bois. Haut., 45 cent.; larg., 45 cent.

ÉCOLE ESPAGNOLE

66 — Tête de femme.

Toile. Haut., 36 cent.; larg. 27 cent.

ÉCOLE ESPAGNOLE

67 — Vierge en extase.

Toile. Haut., 16 cent.; larg , 27 cent.

ÉCOLE ESPAGNOLE

68 — Cavalier à la porte d'un maréchal ferrant.

Toile. Haut., 50 cent.; larg., 45 cent.

ÉCOLE FRANÇAISE

69 — Le Concert.

Composition de cinq figures dans la manièie de Le Prince.

Toile. Haut., 56 cent.; larg., 46 cent.

ÉCOLE FRANÇAISE

70 — Dessus de porte représentant un groupe de trois amours, portés par un monstre marin.

Toile. Haut., 52 cent.; larg., 105 cent.

ÉCOLE FRANÇAISE

71 — Paysage avec personnages et constructions.

Toile. Haut., 83 cent.; larg., 68 cent.

ÉCOLE FRANÇAISE

72 — Les Petits musiciens.

Toile. Haut., 55 cent.; larg., 65 cent.

ÉCOLE FRANÇAISE

73 — Tigre.

Toile. Haut., 37 cent.; larg., 47 cent.

ÉCOLE FRANÇAISE

74 — Portrait de femme.

Toile. Haut., 76 cent.; larg., 62 cent.

ÉCOLE FRANCAISE

75 — Bethsabée au Bain.

Toile. Haut., 68 cent. ; larg., 52 cent.

ÉCOLE FRANÇAISE

76 — Le Cerf forcé.

Toile. Haut., 52 cent.; larg., 70 cent.

ÉCOLE FRANÇAISE

77 — Amphitrite.

Grisaille.

Haut., 44 cent.; larg., 80 cent.

ÉCOLE FRANÇAISE

78 — Narcisse.

Toile. Haut., 80 cent.; larg., 67 cent.

ÉCOLE FRANÇAISE

79 — Le Joueur de guitare.

Toile. Haut., 61 cent.; larg., 52 cent.

ÉCOLE FRANÇAISE

80 — Portrait de femme.

> Vue de face, elle porte une robe blanche garnie de dentelles. Sur l'épaule droite est jeté un manteau en velours bleu.

Toile. Haut., 55 cent.; larg., 47 cent.

ÉCOLE FRANÇAISE

81 — La Madeleine.

Toile. Haut., 55 cent.; larg., 85 cent.

ÉCOLE FRANÇAISE

82 — Portrait d'un magistrat.

Toile. Haut., 40 cent.; larg., 32 cent.

ÉCOLE FLAMANDE

83 — Le Fumeur.

Toile. Haut., 42 cent.; larg., 33 cent.

ÉCOLE HOLLANDAISE

84 — Animaux au pâturage.

Toile. Haut., 16 cent.; larg , 20 cent.

ÉCOLE FLAMANDE

85 — Le Départ pour le marché.

Tableau animé de nombreuses figures et d'animaux.

Toile. Haut., 24 cent.; larg., 39 cent.

ÉCOLE ITALIENNE

86 — La Lucrèce.

Toile. Haut., 72 cent ; larg., 60 cent.

ÉCOLE ITALIENNE

87 — Paysage animé de personnages et de ruines. Au fond des montagnes couvertes de neige.

Toile. Haut., 52 cent.; larg., 72 cent.

ÉCOLE ITALIENNE

88 — Paysage animé de figures et d'animaux. Sur
la gauche, des ruines.

Toile. Haut., 75 cent.; larg., 105 cent.

ÉCOLE MODERNE

89 — Les Inséparables.

Bois. Haut., 17 cent.; larg., 27 cent.

ÉCOLE VÉNITIENNE

90 — Tête de vieillard.

Toile. Haut., 65 cent.; larg. 49 cent.

MINIATURES

91 — Miniature sur ivoire.

Portrait de femme.

92 — Miniature.

Portrait de femme, la tête ornée d'une couronne
de fleurs.

93 — Portrait d'homme en costume Louis XVI.

PASTIET

94 — Miniature sur ivoire.

Suzanne et les vieillards.

BOL

(F.)

95 — Tête de vieillard.

Joli petit médaillon sur cuivre; signé.

WILLE

(LE FILS)

96 — Portrait d'homme en costume Directoire

97 — Vue du port-au-blé jusqu'au pont Notre-Dame.

> Jolie gravure encadrée, gravée par Berthault d'après un dessin du chevalier de Lespinasse (1782).

98 — Jeune fille et jeune garçon (deux pendants).

> Jolies lithographiques anglaises.

www.ingramcontent.com/pod-product-compliance
Ingram Content Group UK Ltd.
Pitfield, Milton Keynes, MK11 3LW, UK
UKHW031719170726
13836UKWH00001B/345